Impressum:

© 2014 KRAL-Verlag

Kral GmbH (Inh. Robert Ivancich)

John F. Kennedy-Platz 2, A-2560 Berndorf

Tel: 02672/82236, Fax: 02672/82236-4

office@kral-verlag.at, www.kral-verlag.at

Alle Rechte vorbehalten.

Das Werk und seine darin enthaltenen Teile sind urheberrechtlich geschützt.

Redaktion & Texte: Mag. Peter Rauch

Buchgestaltung, Satz, Bildbearbeitung: Su Rihs – www.surihs.at

© Illustrationen: Astrid Eidler, Coverfoto von Peter Rauch: © Oliver Kendl

ISBN: 978-3-99024-307-7

Erschienen in Berndorf 2014

VÖGELTREFF

Humorvolles aus dem
Reich der Tiere und Pilze
von Peter Rauch

VÖGELTREFF
Humorvolles aus dem Reich der Tiere und Pilze

AUS DER WELT DER TIERE:
ANMERKUNGEN .... Seiten 7-13
1   VÖGELTREFF .... Seite 14
2   HYMNE AUF DEN GELSENSTICH .... Seite 16
3   INSEKTENFREI .... Seite 18
4   STIEGLITZ ODER DISTELFINK .... Seite 20
5   EIN BUNTER VOGEL .... Seite 23
6   DIE FRÖSCHE UND DIE EHE .... Seite 25
7   FLIEGENAMOUREN .... Seite 28
8   WUNDER DER NATUR .... Seite 30
9   DER SPONTANE FRISCHLING .... Seite 32
10 DER TRAUM DES AFFEN MAX .... Seite 34
11 UTAN- GORILLA .... Seite 36
12 SCHIMPANSEN .... Seite 37
13 DER IGEL UND DAS RAD .... Seite 39
14 SPINNENSCHEIDUNG .... Seite 41
15 METAMORPHOSE EINES BARSCHEN .... Seite 43
16 DIE BALLADE VOM WEISSEN HAI .... Seite 44
17 TIGERPHILOSOPHIE .... Seite 48
18 DIE NASHORNDIÄT .... Seite 50
19 DER MISSISSIPPI-ALLIGATOR .... Seite 52
20 DER ALTE PANTHER .... Seite 54
21 DIE GENESIS DES SCHWANENHALSES .... Seite 57
22 DIE UNZUFRIEDENE EINTAGSFLIEGE .... Seite 58

23	DER HAHNENKAMPF	Seite 60
24	EL TORO	Seite 62
25	DER TANZ DES ALBATROS	Seite 63
26	NILPFERDLIEBE	Seite 64
27	DIE RATTENPLAGE	Seite 66
28	DISKUSSION UNTER EINTAGSFLIEGEN	Seite 67
29	GOCK	Seite 68
30	IN CHAMÄLEONKREISEN	Seite 71
31	MYRMECOPHAGA TRIDACTYLA	Seite 72
32	HUNGRIGE REIHER	Seite 73
33	BEI DEN CHINCHILLAS	Seite 74
34	DER RABE KRAXX	Seite 76
35	DIE MÖWE UND DIE FREIHEIT	Seite 78
36	CONIGLIO ITALIANO	Seite 80
37	DAS MÄRCHEN VON DER EIDECHSE	Seite 83
38	REINEKE EIN RECKE	Seite 88
39	PERFIDES VIEH	Seite 89
40	SCHMETTERLINGEN FLÜGELSCHWINGEN	Seite 91
41	BEI DEN KÄNGURUS	Seite 92
42	IN EINER BOXARENA	Seite 94
43	ZWEI KOALAS	Seite 96
44	DIE MORITAT VOM REGENWURM	Seite 97
45	DER STRAUSS	Seite 100
46	EIN ROTTWEILERHUND	Seite 102
47	PROBLEMBÄRENTREFFEN	Seite 103

AUS DER WELT DER PILZE:

48 STEINPILZSTRESS .... Seite 106
49 FLOCKENSTIELIGER HEXENPILZ .... Seite 108
50 REIZKERSTERBEN .... Seite 109
51 DIE KRAUSE GLUCKE .... Seite 110
52 PARASOLE .... Seite 111

SCHÜTTELREIMEREIEN:

53 DAS HEXENEI .... Seite 114
54 DIE HEILE WELT .... Seite 115
55 BÄRENHUNGER und BÄRENLIEBE .... Seite 116

ZWEIZEILER-SCHÜTTELREIME:

Seiten: 17, 36, 42, 47, 51, 55, 86, 87, 90, 99, 104, 105, 107, 113, 114, 115

ANMERKUNGEN zu den Tier- und Pilzgedichten

Viele dieser Gedichte haben schon einige Jahre auf ihrem Buckel. Der erste Schwung entstand nämlich bereits während fader Unterrichtsstunden in der Gymnasialzeit. Die Originalaufzeichnungen finden sich daher in verschiedenen Heften und anderen Mitschriften. Manche sind auf den Rückseiten von Zeichenblättern oder auf Notizzetteln gelandet. Auch die Zeit meines Studiums war für das Verfassen von Gedichten eine recht kreative. Einige der Verse haben eine längere Entstehungsgeschichte. Zu rudimentären Erstniederschriften wurden im Lauf der Jahre immer wieder Zusätze verfasst und mancher Gedanke hinzugefügt, weggelassen oder verändert.

Für alle aber gilt: Sie sollen nun die Enge meiner persönlichen Kollektion verlassen: Es ist Zeit, sie einem größeren Personenkreis anzubieten! Es ist zu hoffen, sie treffen so auf einen amüsierten Leserkreis, der meinetwegen recht umfangreich sein kann.

Zeichnungen, die oftmals begleitend zu den Gedichten kreiert wurden, tragen vielfach den Makel der Schmierage. Sie sind mit unzureichender Technik, schlechten Schreibwerkzeugen auf ungeeigneter Unterlage „hingefetzt", wären somit dem geneigten Leser nur in sehr eingeschränktem Umfang zumutbar. Daher entstand der Plan, wo es angezeigt erschien, die bildnerische Begleitung, Erklärung oder Ergänzung in kompetentere Hände zu legen.

Mit Astrid Eidler war alsbald eine Künstlerin gefunden, der es gelungen ist, Zeichnungen zu entwerfen, die meinen Versen einen visuellen Ausdruck verschaffen. Bisweilen übernehmen sie auch die Aufgabe, schwer Beschreibbares auf wunderbare Weise zu verdeutlichen. Diese gelungene Symbiose von Wort und Bild möge dem Leser zu Gute kommen. Eines der Ziele der Zeichnungen ist es offen gesagt auch, ihn als „Durchblätterer" des Buches zu fesseln und ihn, erst einmal und dann immer wieder, zum Lesen zu animieren.

Denn seien wir ehrlich: WER LIEST HEUTZUTAGE SCHON GEDICHTE, NOCH DAZU TIER- UND PILZGEDICHTE, DIE NICHT VON WILHELM BUSCH STAMMEN! Sollten sie sich zur Lektüre aufraffen, profitieren sie davon, das kann garantiert werden.
Großer Dank gilt Gerhild Reischer und meiner Frau Heidi, beide als ehemalige Gymnasialprofessoren Profis in der Fehlersuche.

Zu 1: VÖGELTREFF: Das Entstehungsjahr ist Teil dieses Gedichtes. Zeitungsberichte vom Nachwuchs bei den Kakadus haben mich animiert. Die Überschrift soll nicht anzüglich daherkommen, vielmehr soll sie zum Ausdruck bringen, hier trifft eine Artenvielfalt aus dem Vogelreich aufeinander. Das Cover des Gedichtbandes soll übrigens die Situation illustrieren, wenn der Autor auf dieses Sammelsurium von Vogelarten trifft.

Zu 7: FLIEGENAMOUREN: Erste erotische Abenteuer, manche davon auch nur im Kopf, animierten mich in der 5. Klasse zu Grundaufzeichnungen für „Fliegenamouren". Details wurden viel später angefügt.

Zu 8: WUNDER DER NATUR: Während der Mittelschulzeit war ich ein Fahrschüler. Das heißt ich fuhr täglich mit dem Zug von Traisen nach St. Pölten und zurück. Wenn keine Hausübungen zu schreiben waren, sich niemand für irgendwelche Streiche fand oder keine Kartenspielpartner zur Verfügung standen, raffte ich mich bisweilen auf, um aufgestaute Gedanken zu Papier zu bringen. Einer solchen Laune entstammt „Wunder der Natur".

Zu 10: DER TRAUM DES AFFEN MAX: Man schrieb das Jahr 1967, zugleich mein Maturajahr, als das Buch des Zoologen und Anthropologen Desmond Morris „Der Nackte Affe" erschien, das gehörig wissenschaftlichen und anderen Staub aufwirbelte. Es war einige Zeit unter Interessierten Tagesgespräch und seine Lektüre beeindruckte auch mich nachhaltig. Das Bild vom nackten Affen erhielt einen festen Platz in meiner Phantasie und veranlasste mich ein Jahr später nach einem Besuch des Wiener Tiergartens Schönbrunn zum mühevollen Start zu diesem Gedicht. Erste Skizzen kritzelte ich nämlich auf einen Vorverkaufsschein der Wiener Verkehrsbetriebe. Mitte der Siebzigerjahre erst brachte ich es in die endgültige Fassung.

Zu 11: UTAN-GORILLA: Die Stoffsammlung zu diesem Gedicht fußt auf einem Vortrag unseres Biolehrers, dessen wesentliche Aussagen ich stichwortartig mitschrieb. Die kuriosen Wortschöpfungen sind jedoch ausschließlich auf meinem Mist gewachsen und landeten auf der Rückseite einer Kathedralenzeichnung. (In einer langweiligen Stunde Bildnerische Erziehung verfasste ich diese eigentümlichen Verse, zu denen ich mich auch heute noch bekenne!

Übrigens: Die Zeichnung habe ich nie zur Beurteilung abgegeben. Das Gedicht war mir schon damals wichtiger.)

Zu 14: SPINNENSCHEIDUNG: Im Zuge eines Seminars im Fach Zivilprozessordnung war es in den 1970er Jahren en vogue, Prozessspiele mit verteilten Rollen durchzuführen. In einem solchen virtuellen Scheidungsprozess vergaß eine Studentin, die als Richterin eingeteilt war, den sogenannten Sühneversuch am Beginn des Verfahrens. Der Seminarleiter nahm diesen kleinen Fauxpas zum Anlass, dieses Rechtsinstitut ausführlich zu besprechen. Es war damals noch obligatorisch und hatte zum Inhalt, seitens des Verhandlungsrichters vehement auf das Fortbestehen der Ehe hinzuwirken. Recht beeindruckt haben mich diese Ausführungen nicht, ich war auch nie als Scheidungsrichter tätig, doch das Gedicht „Spinnenscheidung" nahm hiermit seinen gedanklichen Anlauf.

Zu 15: METAMORPHOSE EINES BARSCHEN: In früher Jugend schon hatte ich einen jugendlichen Nachbarn, der als begnadeter Schwarzfischer in Erscheinung trat und mich recht profund das Fischen von Forellen und Äschen mit allerlei erlaubten und verbotenen Hilfsmitteln lehrte. Barsche fing ich zwar noch nie, denn ein richtiger Angler bin ich trotz einiger Versuche nie geworden, doch der naheliegende Reim auf den Fischnamen forderte mich heraus. Dieses Gedicht floss in Gymnasialtagen aus meiner Feder, in diesem Alter ist man für derartige Wortspiele empfänglich.

Zu 21: DIE GENESIS DES SCHWANENHALSES: Zu Beginn meines Jusstudiums- 1968- faszinierten mich weder

Vorlesungen noch Seminare, musste ich doch fast täglich die Wiener Kaffeehausatmosphäre eingehend studieren. Im Cafe Hawelka mögen allerlei bedeutendere Verse niedergeschrieben worden sein, den ersten Entwurf zur „Genesis des Schwanenhalses" habe ich in einem Kaffeehaus nach einer einschlägigen Beobachtung auf der Rückseite einer Rechnung verfasst, die sich zu diesem Zweck in meiner Geldbörse finden ließ.

Zu 22: DIE UNZUFRIEDENE EINTAGSFLIEGE
und **28: DISKUSSION UNTER EINTAGSFLIEGEN:** Diese beiden Gedichte finden sich zwar in meinem kombinierten Geschichte- und Geographieheft der 7. Klasse, sie sind aber keineswegs an einem Tag oder in einem Zug entstanden, sondern in einem Abstand von 2 Trimestern.
Das erste (Die unzufriedene...) ziert die Innenseite des Hefteinbandes und datiert am Beginn des Schuljahres 1966. Nach dem 2.Trimester endeten in diesem Jahr meine geographischen Aufzeichnungen, denn ich hatte ein Gut im Zeugnis, konnte daher nicht mehr durchfallen und hatte beschlossen Erdkunde künftig völlig links liegen zu lassen. Irgendwann im 3. Abschnitt folgte dann das zweite Eintagsfliegengedicht.

Zu 26: NILPFERDLIEBE: Die Biologiestunden haben mich immer gefesselt. Das lag am sehr spannenden Vortrag meines Professors. Außerdem hat Prof. Lebersorger recht routiniert Disziplin eingefordert. Doch nach der Biostunde folgte in der 6. Klasse Geographie und der Unterricht in diesem Fach war das genaue Gegenteil. Wir hatten mehrere verschiedene Lehrer, aber sie überboten sich an Eintönigkeit. In diesen

Stunden machten wir hauptsächlich Unsinn, bisweilen gelang mir auch ein amüsantes Gedicht wie dieses.

Zu 27: DIE RATTENPLAGE: Unter diesem Titel firmierte ein Artikel in einer Illustrierten, den ich wegen seines von geringem Impetus begleiteten Inhalts und Stils nur überflogen habe. Ich kann daher nicht wiedergeben, was der Verfasser vermitteln wollte außer dass er Ratten als lästige Nager bezeichnet hat. Animiert hat mich die Zeitschrift zu dem Gedicht „Die Rattenplage." Es entstand im Wartezimmer eines Zahnarztes, während des Wartens auf eine Wurzelbehandlung.

Zu 46: EIN ROTTWEILERHUND: Eine befreundete Familie, The Grubers, hält seit vielen Jahren Rottweilerhunde als Haushunde. Kurioserweise trugen bisher alle den für diese Rasse ungewöhnlichen Namen: „Wastl." (Diesen Namen müssen all die vielen Rottweiler eigentlich als Zumutung empfunden haben, wenn Hunde überhaupt derartige Empfindungen zu entwickeln imstande sind. Einen sinnvollen Nebeneffekt des Namens sehe ich darin, dass er geeignet ist, das beängstigende Image des Tieres weitgehend zu entschärfen.) Alle Wastln entwickelten zwar die typischen Rottweilerattribute, erwiesen sich aber als recht „handzahm." Als Wachhunde sind sie jedenfalls im Lauf der Jahre nur minimal hervorgetreten.

Ein weiteres Hobby der begüterten Familie sind Pferde. Eines Tages ritt Traudl Gruber in den Abendstunden aus, Wastl der XIV., ein besonders gutmütiges Exemplar, begleitete sie. Nachdem sie ihr Pferd versorgt hatte, entschloss sie sich, mit dem Rottweiler noch einen kleinen Spaziergang zu machen. Sie war offenbar der Ansicht, der Hund und sie selbst, könnten noch ein Stündchen lockere Bewegung vertragen. Plötzlich begegnete ihnen an einer recht einsamen Stelle ein schreckenerregender, schwarz gekleideter Mann. Die besorgte Traudl überlegte noch, ob sie von ihrem Wastl Beistand zu erwarten habe, da war er schon an ihrer Seite und musterte den Entgegenkommenden mit grimmigem Rottweilerblick. Der schwarze Mann machte einen großen Bogen um die beiden und stellte somit keinerlei Bedrohung dar. Nie wieder wurden Zweifel an den Wachhundqualitäten von Wastl XIV. laut. Das Gedicht schrieb ich, nachdem ich die Wastlgeschichte erfahren hatte.

Seite 114: DIE ZIEGENLIPPE: Ich muss gestehen dieser Zweizeiler stammt nicht aus meiner Feder. Er entstand spontan in einem meiner Pilzseminare, als ich ein Foto einer Ziegenlippe an die Wand projizierte und die Eigenheiten dieses in unseren Wäldern häufigen Schwammerls erläuterte. Bei dieser Gelegenheit ersann einer meiner Seminaristen, nämlich der Lilienfelder Rechtsanwalt Dr. Peter Eigenthaler spontan diesen Schüttelreim. Ich habe ihn nur zu Papier gebracht und mit seiner Erlaubnis nun schon zum zweiten Mal veröffentlicht.

Seite 114: DER KAISERLING: Die Frage nach dem mykologischen Basiswissen von Elvis Presley wird ein Mysterium bleiben. Außer der Satz: „Elvis lebt" wird eines Tages Wahrheit. Dann könnten wir diese fundamentale Frage klären. Zugegebenermaßen erscheinen andere Grundfragen maßgeblicher, jedenfalls bleibt es lohnender, seine Songs zu hören.

VÖGELTREFF

Marabu und Nandu
Noch dazu ein Kakadu
Trafen sich. Wer weiß schon wo?
Selbstverständlich war´s im Zoo.
Da im Tiergarten Schönbrunn
Gab es ein Spektakulum:
Im Zweitausendzehner-Jahr
Ist dem Kakaduenpaar
Just ein kleiner Kakadu
Aus dem Ei geschlüpft im Nu.
Dass in der Gefangenschaft
Dies ein Kakadu geschafft,
Das ist eine Seltenheit,
Für ein Fest Gelegenheit.

Einladung zu diesem Fest
Jeder Vogel, jedes Nest
Haben Junge und die Alten
Höchstpersönlich dann erhalten.
Kuckuck, Amsel, Kormoran,
Nachtigall, Pirol und Schwan
Und die Spatzen und die Hennen
Lernten bei dem Fest sich kennen.
Feierten und das nicht schlecht
Mit den Meisen und dem Specht
Recht lasziv, voll Übermut,
Wie man´s in Europa tut.

Manche Vögel standen stumm
Schüchtern noch im Kreis herum,
Fremdelten, benahmen sich
Zueinander unfreundlich.
Denn in freier Wildbahn war
So ein Treffen undenkbar.
Waren doch die Proponenten
Aus entfernten Kontinenten.
Doch der stolze Kakadu
Ging recht nett auf alle zu.

Macht bekannt sie rasch mitsammen,
Sagt aus welchem Land sie stammen.
Hat sie von der Ängstlichkeit
Gleich für´s erste dann befreit.
So ging´s mit dem Marabu
Und dem Nandu noch dazu.
Marabus aus Afrika,
Nandus aus Amerika.

Als sie miteinand bekannt,
Merkten sie, wir sind verwandt.
Lauter Nichten oder Neffen
Sind bei diesem Vögeltreffen.
Kam ein Emu in die Runde
Schon in vorgerückter Stunde.

Aus Australien gekommen
Ward auch freudig aufgenommen.
Viel Gezwitscher und Gesang
Gab es dann noch stundenlang.

HYMNE AUF DEN GELSENSTICH

Ich trink so gern Touristenblut,
Touristenblut, das schmeckt so gut.
Dann wenn die Sonne heiß ist
Und der Tourist ganz weiß ist,
Dann pirsche ich mich nächtens an,
Wenn er sich nicht mehr wehren kann.

Im Sturzflug dann genügt ein Stich:
Ich labe und ergötze mich
An seinem roten Blute,
Bevor ich rasch mich spute.
Geschützt halt ich dann inne,
Eh ich erneut beginne.

Ich lande punktgenau
Am Rücken einer Frau.
Ihr Blut schmeckt aromatisch,
Ich sauge ganz fanatisch.

Und schwirr mit flinkem Flügel
Auf ihren Venushügel.
Dort in dem wirren Schamhaarwald,
Wie unwegsam, ermüd ich bald.
Drum gleite ich zur Brust
Und sauge voller Lust.

Wenn dann im Bauch das viele Blut
Schlussendlich seine Wirkung tut,
Die Energie gemach erschlafft,
Rett ich mich weg mit letzter Kraft.

Leicht flatternd fliege ich davon
Und finde Platz auf dem Plafond,
Wo ich ganz ohne Kummer
Sehr sanft und tief entschlummer.

Dann träum ich von dem süßen Blut,
Das Lebenskraft mir geben tut.
Träum auch vom Grafen Dracula,
Etwas Verwandtschaft ist ja da!

STORCH- DER KURZE

Steh und horch:
He, ein Storch!

INSEKTENFREI

Hummelgebrumme und Wespengeschwirr,
Bienengesumme, Hornissengesirr,
Spinnengezappel und Gelsensingen,
Grillengekrabbel, Heuschreckenspringen,
Madengeschiebe und Raupengesäge,
Insektenliebe, Fliegengelege.

Da landen viele Krähen,
Die solches nicht verschmähen.
Wenn sie auch nicht schön singen,
Sie fressen und verschlingen
Mit großem Schabernack
All das Insektenpack.

Fliegengelege, Insektenliebe,
Raupengesäge und Madengeschiebe,
Heuschreckenspringen, Grillengekrabbel,
Gelsensingen und Spinnengezappel,
Hornissengesirr, Bienengesumme,
Wespengeschwirr und Hummelgebrumme.

Da kommt ein Team von Raben,
Die alle Hunger haben.
Sie picken und sie schnappen
Nach diesen Leckerhappen.
Mit wenig Wehgeschrei
Ist´s bald insektenfrei!

STIEGLITZ ODER DISTELFINK

Auf einem Kirchdachgiebel
Da putzt sich ganz penibel
Mit seinem Schnabelspitz
Ein junger Stiegelitz.

Bald ist sein Buntgefieder
Ganz frisch und sauber wieder.
Geplustert seine Brust
Stolziert er selbstbewusst,
Um sich mal herzuzeigen,
Wie´s vielen Vögel eigen,
Voll Freude und voll Stolz
Entlang dem Giebelholz.

Da schwirrt ein Spatz, ein frecher,
Flugs auf die Kirchendächer
Und landet fest im Sitze
Hoch auf der Kirchturmspitze.

Er piepst voll Spott und Witz
Hinab zum Stiegelitz:
„Hallo ihr Vögel seht,
So dreist und aufgebläht
Kommt er daherstolziert.
Dass er sich nicht geniert
Blutrot ist sein Gesicht
Schön seine Federn nicht,
Mit diesen Farbenflecken

Sollt er sich schnell verstecken
Dort zwischen grünen Misteln
Bei Hecken und bei Disteln.
Dort passt er hin genau
Nicht auf den Kirchenbau!"

Gelächter folgt sodann,
Der Stieglitz schickt sich an
Erbost davon zu gleiten,
Er hat nicht Lust zu streiten.
Beschließt, die Farbenpracht
Sei nur für ihn gemacht.

Soll ich mich sehen lassen,
Wenn sie vor Neid erblassen?
So macht er sich zu Eigen,
Sich selten herzuzeigen.

Schwer ist er zu entdecken
Bei Disteln und bei Hecken.
Und wenn ihn einer sieht,
Er flatternd schnell entflieht.

Des Spatzen Spott bewirkt,
Dass er sein Kleid verbirgt.
Sein zweiter Nam entstand:
Wird Distelfink genannt.

EIN BUNTER VOGEL

Im vielfältigen Vogelreich
Gibt´s manche bunte Feder.
Manch Vogel, der ist riesengroß,
Der andere ein Piepmatz bloß.
Ob in der Luft, am See, am Teich,
Ein Champion ist nicht jeder.

Ein Star, das ist der Pfauenmann.
Er trägt am Kopf die Krone,
Versteht auf´s Räderschlagen sich,
Sein Federkleid glänzt königlich.
Er ist ein Bonvivant.
Sein Hochmut ist nicht ohne!

Man sagt, der Pfau sei polygam.
Zur Pfauenpaarungszeit,
Da lernt er spielend kennen
Drei, vier, fünf Pfauenhennen.
Und die umtanzt er dann
In seinem Hochzeitskleid.

Die Hennen, die sind bass erstaunt,
Sind ehrfurchtsvoll und leise,
Bewundern sein Gefieder
Und legen brav sich nieder.
Der Pfauenhahn ist gut gelaunt,
Begattet sie im Kreise.

Für Schönheit, Reichtum, Arroganz
Symbolhaft steht die Rasse.
In Indien, nicht hier,
Gilt er als Heiligtier.
Und Pfauenaugenglanz,
Bestätigt seine Klasse.

Als bunter Vogel würde gern
So mancher Mensch sich geben.
Doch blanker Durchschnitt ist er nur,
Von Fulminanz ist keine Spur.
Kein Typ vom andern Stern,
Ein Mittelklasseleben.

DIE FRÖSCHE UND DIE EHE

Sie quakten herrlich im Duett.
Es ist bekannt, dass die Musik,
Das tiefe Quaak, das hohe Quieck
Bei Fröschen reichlich
Die Liebe schafft, ganz unausweichlich.
Sie quakten also sich ins Bett.

Doch muss man gleichermaßen wissen,
Dass Heiraten in Froscheskreisen,
Verbunden war mit hohen Preisen.
Zur Hochzeitstafel grenzenlos,
Denn die Familien sind groß,
Kredenzte man nur Leckerbissen.

Es hat gehört zur guten Sitte,
Dass als Gemach, wer frisch vermählt,
Im Vorhinein schon ausgewählt,
Ein schönes, großes Blatt,
Das mittags Sonnenlage hat,
Am besten Teichesmitte.

Dann kamen noch Gebühren
Für Förmlichkeit und Firlefanz.
Man brauchte für den Hochzeitstanz
Ein Tanzorchester, welches toll
Die Gäste unterhalten soll,
Und Freunde, die die Braut entführen.

Daher gab es die Ehe kaum
Und wenn, dann nur bei reichen Leuten,
Die nicht die Geldausgaben scheuten.
Die jungen Frösche ohne Geld
Verblieben lieber unvermählt.
Und Kinder haben war ein Traum!

Es fehlten Geld und and´re Schätze
Drum hat das Paar, zwar illegal,
Doch billiger auf jeden Fall
Aufs Hochzeiten verzichtet
Und wild die Ehe eingerichtet:
Mit Liebe nur und ohne die Gesetze.

Dem Paar ging´s anfangs schlecht.
Sie wurden schief betrachtet,
Als liberal sogar verachtet.
Doch folgten viele dem Exempel,
Sie mieden Standesamt und Tempel
Und so entstand Gewohnheitsrecht!

Nun bleibt es Paaren vorbehalten,
Sie können festlich sich vermählen,
Doch auch die freie Ehe wählen.
Seitdem die Norm Gesetzeskraft
Der Boom zur Nachkommenschaft
Der Frösche ist nicht aufzuhalten!

6

FLIEGENAMOUREN

Der junge Fliegenmann Surresteil
Gestern war besonders geil.

Aus diesem Grund entschwirrt er schnell
In die Stadt, ins Fleischfliegenbordell.

Ein Stück Zucker, welches teuer,
Zahlt er für sein Abenteuer.

Mit Negerfliege Flügellahm
Er flott auf seine Kosten kam.

Und parfümiert und frisch gebraust
Ist er sodann nach Haus gesaust.

Jedoch er hieß ja Surresteil
Und war nachher noch immer geil!

WUNDER DER NATUR

Man hörte, wie die Kröten
Die Tischgebete beten.
Zugleich die Nachtigall
Dem Verdi die Aida stahl.

Die stolze Schaumzikade
Manikürte sich gerade.
Die Eule, die gescheite,
Ging auf die große Seite.

Man sah zwei Fliegen
Wollten Kinder kriegen.
Und die eitle Grille
Putzte ihre Brille.

Alltägliches, wenn kurz ich´s sage
Passierte nur an diesem Tage…

Und doch, oh Wunder der Natur,
Auf dieser Welt, man staune nur,
Irgendein Mensch in diesen Stunden
Die Dampfmaschine hat erfunden!

DER SPONTANE FRISCHLING

Zwei Schwämme, noch nicht namentlich,
Die stritten um die Wette,
Welcher von ihnen eigentlich
Den schönsten Hut aufhätte.

„Du bist mit deinem Schattenbraun
Zum Glänzen nicht gemacht
Und du verbreitest kein Vertrau´n,
Man fürchtet dich bei Nacht.
Dagegen ich, mein Haupt ganz hell,
Es strahlt so rein und klar.
Man übersieht mich nicht so schnell,
Das ist doch wunderbar!"

„Es stimmt dein Hut ist weiß wie Creme,
Doch wirkt er wie glasiert,
Wie frisch gehobelt außerdem
Und anschließend geschmiert.
Zwar dunkelbraun, so ist mein Hut,
Doch samtig fein und weich,
Greift sich geschmeidig an und gut,
Ein jeder liebt mich gleich!"

Den Streit, den hat per Zufall bloß,
Ein Frischling mitbekommen.
Er überlegte gar nicht groß,
Hat sie zu sich genommen.
Als Frühstück war´n sie ihm grad recht.

Das braune und das helle
Pilzlein schmeckten gar nicht schlecht.
Gab ihnen auf der Stelle
Zwei Namen: „Schwarzbraun, seidenweich,
Schmeckt würzig und pikant,
Da fällt mir ein der Name gleich,
Wird Mohrenkopf genannt.
Der andere war delikat,
Aromareich und süßlich.
Sein Kopf der war ganz hell und glatt,
Den nenne Mönchskopf ich.
So tat ein Frischling kurzerhand,
An eines Herbstes Morgen,
Im frohen Schwammerlwunderland
Für neue Namen sorgen!

DER TRAUM DES AFFEN MAX

Der Affe Max aus unserm Zoo,
Ein Pavian mit Rotpopo,
Erfuhr in einem bösen Traum,
Er sei nicht mehr das Tier vom Baum.

Vielmehr er sei ein menschlich Wesen,
Er hätt Talent fürs Schreiben, Lesen
Und könne, wie´s auch Menschen eigen,
Der ganzen Welt den Podex zeigen.

Denn nur seine Behaarung schaffe
Für ihn den Namen: Max, der „Affe".
Vielmehr sei er, so müsst man´s nennen,
Als behaarter Mensch anzuerkennen!

Er solle jetzt die Zoologen,
Die jahrelang ihn schon betrogen,
In wohl fundierten Schriften lehren,
Hochwissenschaftlich sie bekehren.

Man soll die Menschen degradieren,
Als nackte Affen künftig führen.
In einem Kampf, in einem steten,
Die Menschen jagen vom Planeten!

Er sei als Führer seiner Rasse
Begründer einer neuen Klasse,
Die alles frank und frisch belebt,
Die Welt aus ihren Angeln hebt!

Der Affe Max, vom Traum erwacht,
Hat nicht viel drüber nachgedacht.
Er wollte nicht zum Revolutionär sich küren,
Nur eins: Sein Affenleben weiterführen!

DER UTAN-GORILLA

Es lärmt und rumort im Urwald
Ein Orang Utan in Gorillagestalt.

Er wütet unter dem Getier,
Auf dass er allen imponier.

Plündert hemmungslos, schlägt tot,
Raubt entführt und züchtet not.

So kann ein Utan nur gorillen
Geglaubte Feinde wahllos killen
Wenn er vom Orang talentiert:

Zum Utangorilla gorillisiert!

HUNDE

Er ist im Ehebunde-Himmel,
Zurück blieb nur ein Hundepimmel.

SCHIMPANSEN

Schimpansen sind, das weiß man heute,
Zwar Affen nur und keine Leute.
Doch mit uns Menschen nah verwandt,
Das ist der Wissenschaft bekannt.

Wenn du ihn anschaust, den Schimpansen,
Ist anders er im Großen Ganzen.
Viel kleiner ist im Körperbau,
Vor allem die Schimpansenfrau.

Ist nur ganz selten Aufrechtgänger,
Die Arme als die Beine länger.
Die Ohren riesengroß und rund
Und starke Beißerchen im Mund.

Niedrig und fliehend ihre Stirn,
Jedoch voll Schlauheit das Gehirn.
Gedächtnismäßig sind bei Zahlen
Die Menschen deutlich abgefallen.

Und trotzdem sind Schimpansenhorden
Schon deutlich weniger geworden.
Ein paar Zehntausend sind noch da
Im wilden Mittelafrika.

Im Zirkus, Film und auch im Zoo
Sieht man Schimpansen ebenso.
Dort passen sie sich blendend an
Und sind dem Menschen ähnlich dann.

Manch Kunststück geben sie zum Besten,
Sie tragen Hosen, Schlips und Westen,
Als Glücksfall können wir es nennen,
Dass sie nicht auch noch sprechen können!

Den hoch verehrten Biologen
Charles Darwin hat man aufgezogen,
Indem man ihn vor aller Welt
Als Affenspottbild dargestellt.

Das mag ihn kurz geärgert haben,
Sein Geist jedoch war zu erhaben.
Hat man auch gegen ihn gewettert,
Er hat sie alle abgeschmettert!

Vor kurzem gab es noch ein Drama
Zum Affen machte man Obama
In einem kecken Zeitungsbild,
Die Volksseele, sie kochte wild.

Obamas Reputation
Besiegte Spöttelei und Hohn.
Entschuldigung war angesagt,
Die Affen hat man nicht gefragt!

DER IGEL UND DAS RAD

In grauer Vorzeit stand ein Igel
Dort mitten auf dem Wiesenhügel.
Und er befand sich in der Zange:
Wo er auch hinsah, sah er Schlange.
Von links und rechts und hinterm Rücken
Bedrohten sie mit bösen Blicken.
Recht giftig zeigten sie den Zahn,
Dem Igel kam das Fürchten an.
Er wagte kaum sich zu bewegen,
Die Stacheln schutzbereit zu legen.
Grad sagte er sein letztes Amen,
Die rettenden Ideen kamen:
Er rollte sich zu einer Kugel
Und kollerte hinab den Mugel.
Auf diese Weise ist entgangen
Dem Todesbiss er dieser Schlangen!

Neandertaler, die zum Jagen,
Gerade auf der Lauer lagen,
Beäugten diese Szene lange:
Die Igelrolle vor der Schlange.

Jahrhundertlang wurde bedacht,
Sehr viele Theorie gemacht.
Der Igel hatte arg verwirrt,
Jedoch der Mensch war fasziniert.

Bis dann gewachsen war das Hirn,
Beherbergt nun in einer Stirn,
Die durch das Denken weit
Und hoch geworden mit der Zeit!

Und Anthropus in Mußestunden
Hat daraufhin das Rad erfunden.

(Diese Idee, bedeutungsvoll,
Verdanken wir dem Igel: Toll!)

SPINNENSCHEIDUNG

Die Spinnenfrau, erst kurz vermählt,
Vom Hochzeitsrummel arg gequält,
Verweigerte dem Spinnengatten
Das selbst, weshalb sie Hochzeit hatten.

Der Spinnerich, darob betreten,
Hat mehrmals sie recht lieb gebeten,
Er sei gerade toll vor Liebe,
Ein Opfer seiner starken Triebe.

Und stundenlang er sie beschwor,
Sie lieh ihm nicht einmal ein Ohr.
Bis dass gewaltsam er sich nahm,
Was freiwillig er nicht bekam.

Die Spinnerin ertrug das nicht,
Sie eilte klagend zu Gericht.
Bald war die Scheidung ausgesprochen
Und später dann, nach ein paar Wochen,
War voll von der Gesetzesüberschreitung
Des Spinnerichs die Spinnereigewerbezeitung.

Frau Spinne saß in ihrem Netze
Allein und wild auf die Gesetze.
Und laut erscholl ihr Schrei der Wehe
Ob seines raschen Bruchs der Ehe!

Des Spinneriches Leumund war,
Er sei im Netz ein Superstar
Und es verbreitete sich schnell,
Er sei höchst hypersexuell!
Der Fleischeslust der Weiberspinnen
Gewaltsam muss er nun entrinnen.

Moraliter bleibt von den Beiden:
Nur Weiterspinnen, nicht gleich scheiden!

HENNEN

*Wie wir die Leute aus Hessen kennen,
Sie kommen heute mit kessen Hennen.*

METAMORPHOSE EINES BARSCHEN

Es war ein Fisch, der war ein Barsch
Und hieß, man glaubt es kaum, Franz Arsch.
Er ließ den Namen ändern.
Doch wie er sich auch nannte,
Man immer nur als Arsch ihn kannte,
In allen Donauländern.

Sein Vater, ein betagter Barsch,
Der klopft ihm aus den Barschenarsch.
Er hielt auf Tradition:
„Der Ruhm des Namens Arsch ist groß
Und dein Verhalten sittenlos!"
Sprach er in barschem Ton.

Dem Jungbarschen war das zu dumm.
Er taufte sich von neuem um.
Das Elternhaus am Damm
Verließ er, hieß fortan Franz Irsch.
Seitdem ist er ein Birsch,
Urvater vom neuen Birschenstamm.

Die Birschen waren up to date,
Doch wie es Epigonen geht,
Ihr Ruhm verblich wie Sternenschnuppe.
Bald waren sie bedeutungslos,
Vergessen war die Birschentruppe,
Man kennt als Exbarschen sie bloß.

Hätt solches nur Franz Arsch geahnt
Er hätte sich nicht umbenannt,
Er wär ein Arsch geblieben.
Und seine Arschnachkommenschaft,
Die würde ihn mit ganzer Kraft
Als alten Arsch Franz lieben.

DIE BALLADE VOM WEISSEN HAI

Zwei alte Seebär´n fuhr´n zur See, tagein, tagaus,
Auf allen Ozeanen waren sie zu Haus,
Ihr Leben lang. Sie liefen ein im Heimathafen,
Ein letztes Mal, wo beide sie zusammentrafen.

Sie waren von Geschichten voll, die unerzählt,
Im Kopf sie trugen durch die Meere dieser Welt.
Jetzt war es Zeit, jetzt konnten sie beginnen,
Nach Herzenslust ihr Seemannsgarn zu spinnen.

Und wilder Tatendrang setzt nun bei beiden ein
Ein jeder will der Erste gleich beim Schildern sein.
Gar hochdramatisch, wie sie beide fabulieren,
Von wilden Gesten unterstützt mit allen Vieren.

Doch plötzlich ist es still und beide schau´n sich um,
Das was wir brauchen, fehlt uns noch, ein Publikum,
Das ruhig zuhört uns, an uns´ren Lippen hängt
Und uns zu immer neuen Schilderungen drängt.

Nun ist es allzu leicht ein solches aufzutreiben,
Man muss nur länger in der Hafenkneipe bleiben.
Und sie erzählten von des Meeres Urgewalten,
Der rechte Kurs war gar nicht mehr zu halten.

Von Meeresungeheuern, Tintenfischen, Quallen,
Die sonder Zahl gefährlich Schiffe überfallen.

Von Wellenkronen, die den Horizont erreichen,
Geheul von Stürmen, die oft Hilferufen gleichen.

Auch von Skorbut und Ruhr und andern argen Dingen
Und von Matrosen, die von Bord für immer gingen.
Die Kapitäne war´n in ihrem Element
Und in der Hafenbar das Gruseln nahm kein End.

Die beiden haben packend stundenlang erzählt.
Auf einmal haben ihre Zuhörer gefehlt.
Mit ihrem Seemannsgarn, da war es rasch vorbei:
Warum? Im Fernsehen lief: Der Weiße Hai!

JAPANISCHE WALFÄNGER

Japaner haben fahle Wangen,
Besonders die, die Wale fangen.

SELTSAME TIGERJAGD

Der Tiger jagt die Beute hier.
Der Jäger, der trinkt heute Bier.

TIGERPHILOSOPHIE

Ffff… fauchte der Tiger,
Bin ich ein böser Krieger.
Nur Mord und Totschlag meine Taten,
Im heißen Blute ständig waten.
Und immer angriffslustig schauen,
Mit scharfen Pranken drohen, hauen.

Geräuschlos rennen, schneller als die schnellen
Die langbeinigen Springgazellen.
Sie alle vor mir zittern und beben,
Ach, ist das nicht ein Schauerleben.
Tagtäglich jagen, springen, beißen,
In einem fort nur Tiere reißen.

Ich bin ein wildes, wildes Tier,
Das wildeste sogar von hier.
Ffff… fauchte der Tiger zu sich,
Die Philosophie ist nichts für mich:
Mein Magen kracht, es ist von Nöten,
Ich mach mich auf zum Weitertöten!

DIE NASHORNDIÄT

Warum bin ich gar so dick geborn,
So dachte bekümmert das Nashorn.
Und wie es so dastand auf allen Vieren,
Inmitten von Klagen und Lamentieren,
Gebar sein Nashorngehirn den Gedanken:
Ich will einen Körper, einen schlanken.
Es wär gelacht, würd´s nicht gelingen,
Ein, zwei, drei Zentner wegzubringen!

Ich fress die Hälfte, Mittagsschlaf passe,
Ein Waldlauf durch die Prärieallee.
Vom Horne triefen muss der Schweiß,
Es schmerzen Beine und der Steiß.

Das Nashorn hat brav durchgehalten,
Die dicke Haut legt sich in Falten
Und springlebendig und sehr zart
Kam an den Ort es, wo sich schart
Die Nashornsippe seit alten Zeiten,
Die Partnersuche einzuleiten.

Es war ihm eine Augenweide
Die Nashornjungfern im Hochzeitskleide
Zu sehn. Mit freudigem Erwarten
Die Jünglinge sich um sie scharten.
Es wurde bewundert, es wurde bekrittelt
Und schließlich die schönste Maid ermittelt.

So wie es Brauch vollzog man schnell
Die Auslosung für das Duell.
Dieses sollte den Sieger küren,
Der würdig war, sie heimzuführen.

Auf unser Nashorn ohne Speck
Da wartete ein großer Schreck:
Die Eignung ward ihm abgestritten,
Da halfen nicht Protest, nicht Bitten.

Es durfte gar nicht in den Ring.
Disqualifiziert, Gewicht zu gering!
Das war der harte Spruch der Jury.
Die Blicke der Jungfern voll Ironie.

Voll Trauer verließ das Nashorn die Stätte,
Wo es so gern gewonnen hätte.
Es zog eine Lehre, es ist mein Geschick,
Auch wenn´s mir nicht passt: Ein Nashorn ist dick!

IM CHATROOM

Er schickt ihr zarte Feengrüße,
Kennt gar nicht ihre Krähenfüsse.

DER MISSISSIPPI-ALLIGATOR

Ich lebe in Amerika.
Bin eigentlich ganz gerne da.
Was ich zum Leben haben muss,
Das bietet mir mein großer Fluss.

Ein M, zwei P, vier S, vier I,
Mein Fluss heißt Mississippi.
Mich nennt man Alligator
Und Mississippi noch davor.

Mein Name, der ist kompliziert
Und überdies mein Ruf ruiniert:
Man sagt, ich sei ein Killer,
Ein rücksichtsloser, stiller.
Und alle schwitzen Blut vor mir,
Sie fürchten meine Beutegier,
Denn wenn ich Hunger spüre,
Dann jag ich alle Tiere.
Ich jage, was ich kriegen kann,
Es kommt nicht auf die Größe an.
Ob Schlange, Vogel oder Fisch,
Ich schnapp sie und verschling sie frisch.

Die brauche ich nicht beißen,
In Stücke nicht zu reißen.
Ich schluck sie runter, wie sie sind,
Vollkommen unzerkaut, geschwind.

Bin ich dann wahrhaft voll und satt,
So liege ich gern faul und matt,
Gekrümmt oder gerade
Am sonnigen Gestade.
Ich tu mich ruhig aalen,
Genieß die Sonnenstrahlen.
Dann werd ich ganz apathisch,
Sentimental, phlegmatisch,
Bewegungslos und friedlich:
So ist mein wahres Ich!

Quält mich der Hunger, geht´s mir schlecht,
Dann werd ich meinem Ruf gerecht!

DER ALTE PANTHER

Im tiefen Urwald war ein Bach
Aus dem die Tiere tranken.
Dort saß ein Panther, altersschwach
Und kühlte seine Pranken.

Er blickt verträumt ins klare Nass,
Denkt an die Jugendtage.
Was früher war ein Riesenspaß
Ist heute nur noch Plage.

Ich war der Wildeste von allen,
Gefürchtet, ja gehasst.
Das Rauben hat mir nur gefallen
Im Sprung vom höchsten Ast.

Wie war mein Lauf geschmeidig,
Wie ich die Pranke schlug.
Mein Fell tiefschwarz und seidig,
Ich war so schön und klug!

So saß er da in seinem Traum,
Da knurrte ihm der Magen,
Drum sprang er rasch auf seinen Baum,
Den Hunger zu verjagen.

GIRAFFEN

*Eine Herde von Giraffen
Durch die Kalahari gaffen.*

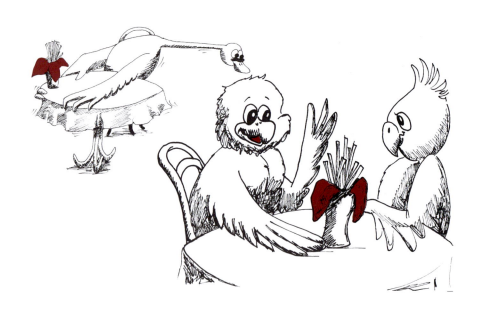
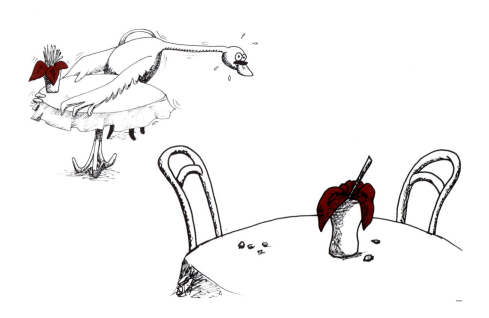

DIE GENESIS DES SCHWANENHALSES

Zwei Papagein mit ihrer Tante
Am Tisch in einem Ristorante
Gar eifrig ins Gespräch vertieft.

Sie plauderten vom Liebesglück,
Von Gott, der Welt, von Politik
Und wie man halt so redet.

Dort selbst saß auch ein junger Schwan,
Hört sich die Unterhaltung an,
Sehr wissbegierig, fasziniert.

Kurz, seine Neugier war geweckt
Und er hat arg den Hals gestreckt,
Um alles mitzuhören.

Die Papageien gingen weg.
Der junge Schwan, oh welch ein Schreck,
Er wollt den Hals einziehen.

Versucht´s mit Kraft und mit Geschick
Wendet den Kopf, krümmt das Genick,
Jedoch der Hals blieb lang.

Die Papageien, muss man sagen,
Sie haben dazu beigetragen,
Die Welt der Schwäne zu verändern.

Genau in dieser Mittagsstunde,
In harmlosester Gasthausrunde,
Da ist der Schwanenhals entstanden!

DIE UNZUFRIEDENE EINTAGSFLIEGE

Es beschwerte sich eine Eintagsfliege,
Sie sei nur auf der Welt, dass sie Kinder kriege.
Und hätte sie dieses Werk vollbracht,
Dann käme der Tod, recht schnell über Nacht!

Und weil sie sich also so sehr beschwerte,
Der Herrgott ein längeres Leben gewährte.
Jedoch sie merkte: Was fange ich an?
Es lebt kein einziger Eintagsfliegenmann!

Denn alle, die gestern noch um sie geworben,
Sie sind in der letzten Nacht gestorben.
Da war auch das Leben für sie nichts mehr nütze,
Beging daher Selbstmord in einer Pfütze.

22

DER HAHNENKAMPF

Beim Misthaufen
Zwei Hähne raufen.

Die Hennen stehen rundherum,
Betrachten das Spektakulum.

Ein Hahn hat wutentbrannt
Den andern umgerannt.
Der kratzt ihn voller Zorn
Mit seinem spitzen Sporn.

Sie krähen laut und ringen,
Sie kratzen scharf und springen
Wild aufeinander los,
Ihr Kämpferherz ist groß.

Das Schauspiel geht nun weiter
Entlang der Hühnerleiter.
Sie hacken voller Lust
Einander in die Brust.

Doch jetzt hört einer auf,
Rennt fort mit schnellem Lauf.
Es hat sich nämlich keck
Aus einem Haufen Dreck
Ein Wurm ans Licht gewagt.
Der Hahn ihn gleich benagt.

Flugs schluckt er ihn hinunter
Und sucht gleich weiter munter.

Der Zweite sieht ein Korn,
Vergisst auf seinen Zorn
Und hat es recht geschickt
Vom Boden aufgepickt.

Ein Wurm liegt in der Mitten,
Da haben sie gestritten
Wer denn das Würmchen frisst.
Sogleich entbrennt der Zwist
Zum zweiten Mal erneut
Und mit Verbissenheit.

Was wohl die Hennen machen?
Sie steh´n herum und lachen
Sehr laut aus ganzem Herzen,
Sie spaßen und sie scherzen:
„Die Hähne sind versessen,
Auf Kämpfen nur und Fressen!"

Spät nachts sind alle müde.
Die Hähne schließen Friede.
Und Einigkeit besteht im Nest:
„Der Hahnenkampf, das war ein Fest!"

EL TORO

„Ein „Toro", wie ich einer bin,
Trainiert sein ganzes Leben hin,
In die Arena einzuzieh´n.

Was Blöderes, das war noch nie da:
Verbieten will man die Corrida
In Katalonien. Das ganze Jahr,
Wird nichts mehr sein, so wie es früher war.

Kommst du als Stier zur Welt in Barcelona,
Gerona und Lerida, Taragona,
So ist dein Ziel in Hinkunft nur die Schlachtung,
In der Arena kriegst du keine Achtung."

Ein stolzer Toro mag nicht wanken
Und hehre Tierschützergedanken
Hält er für Unsinn, einen blanken.

Wenn Toros ganz auf sich gestellt,
Entscheiden könnten was denn zählt
Wär nicht von Vorteil für die Welt.

DER TANZ DES ALBATROS

Am Strande von Galapagos
Dort beim Mangrovenhain,
Da tanzte einst ein Albatros,
Er tanzte ganz allein.

Ein Drosselfink-Orchester pfiff
Dazu im Walzertakt
Und virtuos zum Taktstock griff
Ein Pinguin, befrackt.

Groß war das Auditorium
Von Robben und Seelöwen,
Sie hatten alle Gaudium,
Die Bussard, Reiher, Möwen.

Doch Eulen, Kormoran und Tauben
Sie waren voller Kummer
„Ein Albatros, wer soll das glauben
Mit einer Solonummer?"

Der Albatros sprach seriös:
„Bin meines Lebens froh,
Ihr Vögel seid nicht so nervös,
Ich bin ein Gigolo!"

NILPFERDLIEBE

Puster, das Nilpferd im Sonnenlicht suhlt,
Reckt genüsslich empor seine Nüstern,
Winzige Äugelein blinzeln lüstern,
Da er die Nilpferdmaid Dickhaut bebuhlt.

Puster besitzt, wovon Nilpferdfraun träumen:
Viel an Charme, er spricht zärtliche Worte,
Er ist ein Playboy der übelsten Sorte.
Sie ist ihm sicher, da gibt es kein Säumen.

Puster scherzt kokett und beäugt sie,
Redet von Liebe und Glück.
Sie ist gefangen, es gibt kein Zurück,
Denn sie liebt so wie noch nie.

Nächsten Tags, in seinem Haus,
Küsst er verliebt ihre Haut.
Anfangs hat sie sich gar nicht getraut,
Dann streckt entzückt sie die Beine aus.

Endlich erstirbt ihr Widerstand,
Puster haucht zart: „Ich liebe dich!"
Ein paar Mal wälzen im Sande sie sich,
Dann herrscht Ruhe am Nilpferdstrand.

Und Herr Puster suhlt in der Sonne sich wieder,
Erschöpft, gelassen, zufrieden,
Liegt er schnaufend hienieden,
Streckt seine müden Glieder.

DIE RATTENPLAGE

Die Felder standen golden, voll Weizen,
Die Sonne tat vom Himmel heizen.
Da fasste der Rattensenat den Beschluss,
Dass heute geerntet werden muss.

Im Rattenstaat verkündet ein Bote,
Dass Erntetag sei, trotz Hitzeperiode.
So griffen die Ratten zu ihren Säcken,
Wohin sie die Körner pflegten zu stecken.

Und schwitzend erreichten die Felder sie,
So manchen ein Sonnenstich zwang in die Knie.
Zur Ernte schritt man, es stöhnte die Menge,
Es war glutheiß in der Schnitter Gedränge.

Es strömte Schweiß, es raunten die Alten:
„Die Hitze ist doch nicht auszuhalten!"
Und dieser und jener gefluchet hat:
„Saudumm war dieser Beschluss des Senat!"

So mancher war der Verzweiflung nah,
Denn solche Plage war noch nicht da.
Das Wort hielt sich bis zum heutigen Tage,
Wir kennen auch jetzt noch: Die Rattenplage.

DISKUSSION UNTER EINTAGSFLIEGEN

Kürzlich da war eine Diskussion
Bei Eintagsfliegen in unwirschem Ton.
Thema war: Das menschliche Ideal,
Sein rascher Aufstieg, sein schneller Fall.

Heute gebührt einem Star noch Applaus,
Morgen sei seine Karriere schon aus.
Heute würd man den Sänger preisen,
Morgen niemand das Maul sich zerreißen.

Heute gelte der Filmschönheit Ruhm,
Morgen schwärmt man für´s Muskelunikum.
Wie dem auch sei, der Streiterei Essenz:
Diese Kurzlebigkeit sei Schmutzkonkurrenz!

Denn der Eintagsfliege Ruf sei gewesen,
Dass sie einen Tag nur Bedeutung besessen!

Gegen Ende des Tags die Gemüter erkühlten,
Weil alle den Tod in den Flügeln fühlten.
Man fand rasch die Lösung: Die Fliege sterbe,
Ohne dass ihr jemand die Leistung verderbe.

Solcher Abgang dem Star sei nicht gegeben,
Er müsse als Exstar weiterleben!

GOCK

Als Gock der Hahn vom Schlaf erwacht
Die Hühnerstalltür aufgemacht,
Um rauszutreten in die Frühe
Und aufzuwecken Mensch und Kühe,
Da macht er einen Taumelschritt,
Nahm mit dem Kamm die Türe mit.
Der Kamm blieb hängen an dem Holz,
Sein Hahnenkamm, sein ganzer Stolz!

Jedoch der Hahn tat seine Pflicht,
Er unterließ das Krähen nicht.
Es fiel nur etwas lauter aus
Und jammervoll, es war ein Graus!
Gock war verzweifelt. Der Verlust
Traf tief ihn in die Hühnerbrust.

Es klagten auch die Hennen mit,
Ihr schöner Hahn war invalid.
Sie hockten da, im Stall vereint,
Die Hühneraugen rot geweint
Und wären sicher dran zerbrochen,
Hätt sie der Hahn nicht angesprochen:
„Geschätzte Damen, hört mich an,
Betrauert nicht den Hühnermann!
Es hätte können schlimmer sein,

Ein Hahn hat nicht den Kamm allein.
Das, was ich brauche, euch zu lieben
Ist Gott sei Dank ja heil geblieben!"

Doch hätt er Worte nur verwendet,
Der Kummer hätte nicht geendet.
Denn Hennen überzeugt man schwer
Und red´t man noch so klug daher.
Das wusste Gock und er begann,
Gleich den Beweis zu treten an.
War das ein Gackern und ein Rennen,
Bis sie es glaubten, alle Hennen
Und manches Huhn, ganz hingerissen,
Verlangte zweimal es zu wissen!

Der Hahn, als er sein Werk vollbracht,
Das ihn zwar etwas matt gemacht,
War kammlos nun, doch wieder heiter.
Er pflegte diese Sitte weiter:
Denn täglich, nach dem Hahnenschreie,
Kamen die Hühner an die Reihe.

Und so hat Gock den Satz erfunden:
„Die Liebe, die heilt alle Wunden!"

IN CHAMÄLEONKREISEN

Es ist en vogue in Chamäleonkreisen
Zu Seminaren zu verreisen,
Um Bildungshunger zu beweisen.
Beim Referat kein Mikrophon,
Danach gepflegte Diskussion,
Das schätzt so ein Chamäleon.

Doch unsre arme Wissenschaft
Hat bisher äußerst laienhaft
Verschwiegen diese Geisteskraft.

Man lehrt uns nur: In höchster Not
Vor einem Feind wird es schnell rot
Und atmet nicht und stellt sich tot.

Dabei ist diese Fähigkeit
Nicht Ausdruck seiner Ängstlichkeit.
Vielmehr, es ist nun an der Zeit,
Den Irrtum soll es nicht mehr geben,
Das Tier hat einzig das Bestreben,
Sein ausgeprägtes Innenleben
Mit Farbenspiel zu offenbaren.
Effektvoll Schutz vor den Gefahren
Gewährt sein Geist seit vielen Jahren.

Und intellektuell und weise
Bleibt es bescheiden und recht leise
Auch weiterhin in seinem Kreise.

MYRMECOPHAGA TRIDACTYLA

Zwischen zwei Termitenhügeln
Reißt es heftig mich umher,
Bin fast gar nicht mehr zu zügeln,
Denn der Hunger treibt mich sehr.
Dieses Leben ist höchst stressig
Und das wird tagtäglich mehr.
Als ich klein war, das war lässig,
Doch als großer Ameisbär
Brauchst Termiten du, ganz frische,
Täglich eine ganze Schar
Auf gedecktem Mittagstische,
Zehn Millionen übers Jahr.

Sie aus ihrem Bau zu holen,
Das ist keine Kleinigkeit.
Schleich mich an auf leisen Sohlen,
Doch dann kommt die Schwierigkeit:
Diese Viecher, die sind ständig
In Bewegung jederzeit.
Sie zu fangen braucht´s elendig
Umsicht und Beharrlichkeit.
So verbring ich meine Tage
Angespannt und voller List
Bis mein Ameisengelage
Sattsam dann vollendet ist.

HUNGRIGE REIHER

Dicht am Ufer eines Weiher
Lauert eine Gruppe Reiher,
Ob im Wasser klar und frisch
Schwämm ein fetter Beutefisch.

Konzentriert und bei der Sache,
So, als sei man auf der Wache,
Stramm und voll Betriebsamkeit
Stets zum Einsatzflug bereit.

Doch trotz Argusaugensehen
War kein Fischlein zu erspähen.
Und so blieb die Reiherschar
Still und hungrig, wie sie war.

Plötzlich hoch ein Reiher flog
Und rasant von dannen zog,
Zum benachbarten Gewässer,
Ganz allein dort jagt er besser.

Voll Vertrauen auf ihr Glück
Blieb´n die anderen zurück.
Doch die Ausbeute blieb gleich,
Leider fischlos war der Teich!

Die Moral von der Geschicht:
Nur Beharrlichkeit zählt nicht!
Einfallsreichtum ist gefragt,
Wenn am Hungertuch man nagt!

BEI DEN CHINCHILLAS

Chinchillas sind bekanntlich häufig
Geschlechtlich unbeherrscht und läufig.
Die hemmungslose Zweisamkeit
Führt oftmals auch zu Trächtigkeit.

Chinchillaweibchen routiniert
Auf Hausgeburten sind trainiert.
Und Werfen nennt man das Gebären,
Der Hergang tut nicht lange währen.

In jüngster Zeit ist es geschehen,
Ganz ohne Jammerschrei und Wehen,
Hat Frau Chinchilla über Nacht
Ein Schwesternpaar zur Welt gebracht.

Kaum hatten sie die Augen frei,
Da fing sie an, die Streiterei:
„Du Missgeburt, mein Pelz ist besser!"
„Und du bist nur ein blöder Fresser!"

„Du schaust ja aus wie ein Karnickel
Und im Gesicht, da hast du Pickel!"

„Im Nest, da ist für dich kein Platz,
Bist kein Chinchilla, bist ein Ratz!"

„Schau dich doch an, dein Fell zerzaust!"
„Und du bist räudig, pfui mir graust!"
„Einen Mantel oder Kragen
Aus deinem Fell wird niemand tragen!"

Den ganzen Tag warn sie am Lästern,
Die beiden unheilvollen Schwestern.
Voll Langmut, wie er Mütter ziert,
Hat´s Frau Chinchilla toleriert.

Bis sie es trieben allzu toll,
Da war das Maß dann schließlich voll.
Und Frau Chinchilla stieß sie fest
Und endgültig aus ihrem Nest.

DER RABE KRAXX

Der Rabe Kraxx, frisch maturiert,
Er hätte gerne Jus studiert,
Da sprach der Uhu, sein Professor:
„Mach Medizin, das liegt dir besser!"

Doch Kraxx war voller Rebellion.
Und Heilkunst, Operation
Entsprachen gar nicht seinem Wesen.
Er wär ein Richter gern gewesen,
Der souverän, autark entscheidet
Und jede Einmischung vermeidet.
Er wandte ab sich vom Berater
Und suchte Rat bei seinem Vater.

Jedoch sein Vater war nicht weise,
Er krächzte laut und dachte leise.
Zu dem Professor lief er hin,
Der riet erneut zur Medizin.
„Und wenn die Heilkunst ihm nicht liegt,
Er keine Patienten kriegt?"
„Dann soll er gehen ins Spital,
Dort kommen sie auf jeden Fall",
Empfahl der Uhu unbeirrt
Dem alten Raben dezidiert.
Für den war niet- und nagelfeste,
Der Bub wird Arzt, das ist das Beste.

Und würde Kraxx sich noch so plagen,
Der Alte war nicht breit zu schlagen,
Hielt für verzopft und obsolet
Nun die Juristenfakultät.
So musste Kraxx, ganz wider Willen,
Dem Vater seinen Wunsch erfüllen.

Er quälte sich durchs Studium,
Es blieb ihm stets Mysterium,
Und lernte er auch fleißig,
Er war schon über dreißig,
Als endlich er mit letzter Kraft
Den Doktortitel hat geschafft.
Die Praxis, die er in der Stadt,
Sodann alsbald eröffnet hat,
Florierte kurz danach bedenklich,
War selber vielfach leer und kränklich.
Und schließlich hat sie Kraxx verdrossen
Für immer zu- und abgeschlossen.
Die Folgejahre im Spital,
Sie wurden leider auch zur Qual.
Die stete Patientenflut
Tat seiner Psyche gar nicht gut.
Er hasste alle Heilerei
Und sehnte die Pension herbei.
Sein unerschütterliches Streben
War ohne Medizin zu leben.

Und die Moral von der Geschicht
Für Raben taugt ein Vater nicht
Als zuverlässiger Berater:
Er ist und bleibt ein Rabenvater!

DIE MÖWE UND DIE FREIHEIT

Eine Möwe, rastlos schier,
Hinter Schiffen, längs dem Pier,
Schwebt mit knappem Flügelschlage.
Pfeifend, krächzend. Führt sie Klage?

Drängt sie Neugier, Forschersinn
Stetig über Wellen hin
Oder ist es Langeweile,
Die sie antreibt, ohne Eile?

Blick ihr forschend ins Gesicht,
Nein, sie offenbart es nicht.
Ohne Ausdruck starrt sie stur
Ständig in das Wasser nur.

Gleitet sie, nur um zu schweben
Oder will sie was erleben?
Rätselhaft sind ihre Kreise
Immer auf dieselbe Weise.

Monotone Runden schweifen,
Stets der gleiche Uferstreifen,
Mutet an wie Sklaverei
Oder ist die Möwe frei?

Plötzlich, da, sie flattert kurz,
Stößt hinab mit raschem Sturz,
Taucht, im Schnabel einen Fisch,
Das wird heut ihr Mittagstisch.

Bald sieht man sie höher steigen,
Abschied vom profanen Reigen.
Schwingend, schweigend schweben,
In den Äther sich erheben.

Gleiten, treiben, fliegen.
Durch die Lüfte wiegen.
Grenzenlos sind ihre Wege
Selten sieht man Flügelschläge!

CONIGLIO ITALIANO

Ein Kaninchen, in Italien Coniglio,
Hoppelt langsam seines Weges depressivio:

„Hier im Piemont sieht meine Zukunft traurig aus,
Bald bin ich ein Hauptgericht beim Leichenschmaus.

Ich hab Pech, es findet morgen eine Treibjagd statt,
Wo ein Niederwild wie ich recht wenig Chancen hat.
Und ein Jägersmann bedroht mich mit dem Schrotgewehr,
Renn ich auch nach Leibeskräften mutig hin und her,
Kommt´s am Ende so, wie es halt immer kommen muss.
Er erlegt mich rasch mit einem scharfen Flintenschuss.
Ach, mein armer Balg, der kommt in eine Gerberei,
Und ein Kürschner, der ihn dann taxiert, der eilt herbei,
Und erklärt, mein Pelz sei sono molto stupido,
Ist geeignet nur für Scheibe von Mobilio.

Auch mein Leichnam keineswegs wird friedlich beigesetzt,
Denn gestorben ist die Donna Anna, die zuletzt
In Torino dort am Corso ein geheimes Puff betrieb,
Wo so mancher Honorato ordnungswidrig blieb.
Also müsse man klammheimlich ihr ein Festbankett
Nur für Männer etablieren, die bei ihr im Bett.
Und so würden von der Treibjagdstrecke annektiert
Ein paar Hasenbraten, die man nächtens rasch frittiert.
Das Bewusstsein, so zu enden, macht mich desperat,
Weil für unsereins das Leben keinen Morgen hat."

Sein Lamento hörte mit ein altes Trüffelschwein,
Das ihm beistand und erklärte: „Lass das Klagen sein.
Wie du schwarzsiehst, das ist gar nicht unsre Lebensart.
So ein Ende bleibt doch hierzulande dir erspart.
Ich versteh nicht, dass du grade vor dem Weidwerk bangst,
Denn ich selber hab vor Sonntagsjägern keine Angst,
Ihr Latino bringt den Jägersleuten Spott und Hohn,
Denen läufst du auf drei Pfoten meterweit davon.
Also fürchte dich doch nicht vor ihrem Schießgewehr,
Drum genießen wir das Leben, es ist so schon schwer.

Du Coniglio, lass endlich jetzt das Grübeln sein,
Komm mit mir, ich zeig dir einen schönen Trüffelhain.
Wir verspeisen Weiße Trüffeln, sind des Lebens froh,
Denn was wir zwei nicht verputzen holt Tartufio
Mit den Trüffelhunden, die ich ganz und gar nicht mag.
Weil sie bellen können nur des Nachts und auch bei Tag.
Ihr Gekläffe immerzu, das ist ja unerhört,
Hat schon oft das Mittagsschläfchen mir gestört."

Beide fanden viele Trüffel in der Truffiere
Und sie speisten fürstlich, Hasenherz, was willst du mehr!
Bald vergessen war des Meisters Lampe Klagelied,
Da die Sättigung Zufriedenheit und Trost beschied.
Und das ungleich Italiano Animalipaar
Lag laut schnarchend unter Eichen und somit war klar:

Gutes Essen macht zufrieden und des Lebens froh
In Italien und übrigens auch anderswo!

DAS MÄRCHEN VON DER EIDECHSE

Ein Eidechslein auf einem Felsen sitzt im Sonnenschein,
Es räsoniert so vor sich hin: Warum bin ich so klein?
Des Weges kommt ein Käferlein mit einem roten Rock
Und einem schwarzen Käppchen auf und einem Wanderstock.

Oh, Eidechse, was klagst du so, er zu der Kleinen spricht,
Bin ein verwunsch'ner Königssohn, das sieht man aber nicht.
Wenn ich ein Tier zufrieden mach und bring ihm ewig Glück,
Dann kriege ich mein Königreich und meine Macht zurück.

Ich hab für dich drei Wünsche frei, doch wähle mit Bedacht,
Was, wenn es in Erfüllung geht, dich wirklich glücklich macht.
Die Eidechse war hocherfreut und ging den Handel ein:
Ich wäre ja zufrieden schon, wär ich nicht gar so klein!

Ein Salamander möcht ich sein, mit seinem schönen Kleid,
Das glänzt in Schwarz und Gelb und großer Herrlichkeit.
Kaum hatte es den Wunsch gesagt, der Käfer hob den Stock,
Ein Salamander stand jetzt da, mit schwarz und gelbem Rock.
Er blickte ganz verwirrt um sich, oh Gott, wie bin ich groß,
Doch brennen tut der Sonnenschein, was mache ich da bloß?
Hab Angst, dass in der Sonnenglut mir meine Haut zerplatzt.
Und dass der scharfe Felsengrat den Panzer mir zerkratzt.
Drum flücht ich in die Höhle schnell, wo ich als Eidechs saß.
Bin für die Höhle viel zu groß, oh weh, wie blöd ist das!

Der Käfer sagte: Liebes Tier, ich hör dich klagen nur,
Von Glück und von Zufriedenheit ist leider keine Spur.
Drum geb ich dir, ist besser so, dein altes Kleid zurück,
Vielleicht findest als Eidechs du in Hinkunft nun dein Glück.
So sprach der Käfer Wundersam, erneut hob er den Stock,
Ein Eidechslein, das stand jetzt da, mit seinem alten Rock.

Als Eidechse, das weiß ich jetzt, gefall ich mir nicht mehr,
Ich möchte viel, viel größer sein, mach mich zum Saurier.
Kaum hatte es den Wunsch gesagt, der Käfer hob den Stock,
Ein Dinosaurier stand da, mit einem gelben Rock.
Er traute seinen Augen nicht, oh Gott wie bin ich prächtig,
Bin hundertmal so groß wie einst, mein Körper der ist mächtig.
Doch plagt ein großer Hunger mich, ich brauche was zu fressen,
Was ich dereinst als Eidechs fraß, das kann ich jetzt vergessen.
Vom Boden möcht ich frisches Gras, von Bäumen tausend Blatt,
Gemüsepflänzchen noch dazu, das macht mich richtig satt.
Doch hier auf meinem Felsen kann ich solches nicht erspähen,
Da wachsen kleine Büsche nur und ab und zu Kakteen.
Die kratzen und die stechen mich, mein Maul ist ganz voll Blut.
Ich werde gar nicht satt davon, ja und es schmeckt nicht gut.

Der Käfer sagte: Liebes Tier, ich hör dich klagen nur,
Von Glück und von Zufriedenheit ist leider keine Spur.
Drum geb ich dir, ist besser so, dein altes Kleid zurück,
Vielleicht findest als Eidechs du in Hinkunft nun dein Glück.
So sprach der Käfer Wundersam, erneut hob er den Stock,
Ein Eidechslein, das stand jetzt da, mit seinem alten Rock.
Als Eidechse bin ich zu klein, ich weiß jetzt, was ich will,

Mach mich doch groß und fürchterlich, so wie ein Krokodil.
Kaum hatte es den Wunsch gesagt, der Käfer hob den Stock,
Ein Krokodil, das stand jetzt da mit einem grünen Rock.
Es blickte ganz verwirrt um sich, oh Gott, wie bin ich schön,
So stark und dick gepanzert auch, vom Kopf bis zu den Zehn.
Auch passt mir hier die Sonne gut auf meinem Felsenmeer,
Doch wo krieg ich bloß einen Fluss mit vielen Fischen her?
Ich brauche was zum Jagen doch und fließendes Gewässer,
Kraxeln kann ich zwar recht gut, doch schwimmen umso besser.

Der Käfer sagte: Liebes Tier, ich hör dich klagen nur,
Von Glück und von Zufriedenheit ist leider keine Spur.
Drum geb ich dir, ist besser so, dein altes Kleid zurück,
Vielleicht findest als Eidechs du in Hinkunft nun dein Glück.
So sprach der Käfer Wundersam, erneut hob er den Stock,
Ein Eidechslein, das stand jetzt da, mit seinem alten Rock.

Drei Wünsche habe ich verbraucht und fand dabei kein Glück,
Jetzt kehre ich als Eidechslein zum alten Fels zurück.
Das Großsein war ein Traumziel nur, im Salamanderkleid,
Als Saurier, als Krokodil, da bracht ich es nicht weit.
Ich bleibe lieber Eidechse auf meinem Felsenstein.
Da bin ich hübsch zufrieden hier, kann in der Sonne sein.
Ich find genug zum Fressen vor, was brauche ich zum Glück,
Am Abend, wenn der Schatten naht, da zieh ich mich zurück.
Die Höhle mein, die ist zwar klein, jedoch genügend breit
Und bietet Schutz und Wärme mir und auch Geborgenheit.
Bin ich auch klein und winzig nur, ich will nicht größer sein,
Nur ein kleines Eidechslein, das sitzt im Sonnenschein.

Da kam der Käfer Wundersam und sagte: Liebes Tier,
Ich höre dich nicht klagen heute, so gefällst du mir.
Durch meine Wünsche wundersam, da bist du jetzt bereit,
Gekommen sind das Glück zu dir und die Zufriedenheit.
Und ebenso erfüllt war jetzt des Käfers Mission,
Erhielt sein Königreich zurück und seinen Königsthron.

Zu Ende ist nun die Geschicht von der Zufriedenheit
Und wenn sie einer wirklich sucht, erlebt er sie auch heut!

EIDECHSENTRAUMA

Ein Eidechs zwischen Felsengras
Litt furchtbar unter Gelsenfraß.

SCHLAFGEWOHNHEITEN

*Ohne zu schnarchen der Käfer schlunzt,
Das nenn ich wahre Schläferkunst!*

FUCHS UND WOLF

*Der Fuchs ist oft ein Nachtjäger.
Herr Wolf trotz seiner Jacht neger.*

REINEKE EIN RECKE

Man hält mich für sehr schlau,
Doch wenn es Winter ist,
Frier ich in meinem Bau.

Vor lauter Eis und Schnee
Find wenig ich zum Jagen.
Und knurrt mir auch der Magen,
Mir bleibt mein Renommee.

Als Held und Bösewicht,
So werd ich dargestellt,
Der niemandem gefällt,
Durch Intellekt besticht.

Dem Löwen König Nobel,
Dem Wolf und auch dem Bär
Und and´ren Feinden mehr,
Den blase ich den Hobel.

Der Dichter Goethe, der Gigant,
Beschreibt in seiner Fabel
Mich mehr als nur passabel,
Er findet mich markant!

Er sagt, ich sei ein Recke
Und nannte mich Reineke!

PERFIDES VIEH

Man sagt, sie sei verschlagen,
Ein bestialisch Vieh,
Weil nicht an lichten Tagen,
Nein nur im Schutz der Nacht,
Sie ihre Beute macht
Mit böser Infamie.

Was Löwen übrig lassen
Von dem erlegten Tier,
Das kriegt sie rasch zu fassen.
Die hungrige Hyäne,
Sie fletscht die spitzen Zähne.

Oft kommt sie nicht alleine,
Schleicht sich im Rudel an.
Es krachen wild Gebeine,
Fleisch, Haut und fettes Blut,
Hyänen finden´s gut.
Das fressen sie sodann.

Doch wo ist Hinterlist,
Was ist daran gemein?
Dass sie im Rudel frisst?
Dass sie nur nächtens jagt,
Aus dem Versteck sich wagt?
Das kann es doch nicht sein.

Aas frisst so manches Tier,
Es raubt voll Mörderwut.
Doch oft erkennen wir
Gewinnend Mienenspiel,
Im Lauf behend, grazil,
Das tut dem Image gut.

Hyänen haben nicht,
Was man gemeiniglich
In einem Angesicht
Als anmutig erkennt,
Als einnehmend benennt:
Sind einfach schauerlich!

RAUBTIERBRUT

Das Raubtierpaar im Sitzen zeugte,
Die Brut dann an den Zitzen säugte.

SCHMETTERLINGEN FLÜGELSCHWINGEN

Bevor zwei Schmetterlinge
Einander alles geben,
Was so ein Falterleben
Dann zur Entfaltung bringe.

Das kostet Flügelschlagen,
So manche Schaukelei,
Verspielte Gaukelei,
Von Maienluft getragen.

Es schweben und es schwingen
Zwei Flügelpaare regungslos.
Ein wohl dosiertes Schwirren bloß
Und vieles mag gelingen.

Ein sachtes Sich-Berühren,
Ein Taumeln kurz danach,
Ein Gleiten ganz gemach
Und dann einander Spüren.

Wenn sie vereint zu zweit,
Für Augenblicke still,
Dann ist das, wenn man will,
Nur Flatterhaftigkeit…

BEI DEN KÄNGURUS

Im Sack von Mutter Känguru,
Da geht es derzeit lustig zu,
Weil gleich zwei Junge drinnen sitzen
Und hängen munter an den Zitzen.
Eineiig ist das Zwillingspaar,
Das ist ein Sonderfall, na klar.
Jetzt sind sie ja noch kleine Babys
Und heißen Jonathan und Davies.

Sie trinken fast die ganze Zeit,
Erwarten ihre Mannbarkeit,
Um bald den Beutel zu verlassen
Und in der Welt dann Fuß zu fassen.
Eintönig ist ihr Tageslauf,
Zunächst nur schlafen und dann auf,
Um später stundenlang zu saugen.
Gleich wieder schließen sie die Augen.

In dem beengten Beutelraum
Ist trotzdem Platz für manchen Traum.
Freund Jonathan träumt vor sich hin:
„Was werd ich wohl, wenn groß ich bin?
Es sollte mir doch bald gelingen,
Ich möchte einmal recht hoch springen.
Den Weltrekord, das müsste geh´n
Viel höher als drei Meter zehn."

Und Davies stellt im Traum sich vor:
„Ich werd ein Weitsprungmatador.
Ich springe dreizehn Meter weit,
Für mich nur eine Kleinigkeit."
So träumten und sinnierten sie
Und schulten ihre Phantasie.
Sie simulierten Trainingseifer
Und wurden größer, älter, reifer.

Dann nach acht Monaten im Sack
Kam endlich auch für sie der Tag
Der Freiheit. Und mit keckem Sprung
Entkamen sie der Fesselung.
Nun konnten rasch drauf los sie schnellen,
Behände springen wie Gazellen.
Den Jonathan zog es nach oben,
Er hüpfte wie frisch aufgezogen.

Und Davies, der sprang meterweit
In wilder Ausgelassenheit.
So hüpften sie tagaus, tagein,
Mal hoch mal weit und querfeldein.
Sie freuten sich der Freiheit sehr,
Rekorde zählten da nicht mehr,
Sie waren frei im Überfluss
Wie alle and´ren Kängurus.

IN EINER BOXARENA

In einer Boxarena
Inmitten Pasadena,
Da saß ein Marabu
Und schaute munter zu,
Wie dort ein Känguru
Mit einem jungen Gnu,
Sich mit den Fäusten schlug
Und einen Kampf austrug.

Sie hatten Handschuh an,
Das machte dann und wann
Die Hiebe nicht so krass,
Die ohne Unterlass.

Mit Schlägen, mit gemeinen,
Mit seinen Vorderbeinen
Begann das Känguru
Zu attackier´n das Gnu.
Doch auch das junge Gnu
War aggressiv im Nu.
Von wilden Schlagekstasen
War´n bald voll Blut die Nasen.

Der Kampf wogt hin und her,
Mal schlägt das Käng´ru mehr.
Ist seine Deckung offen,
Da wird es prompt getroffen.

Im Infight beide ringen
Und hör´n die Engel singen.
Sie hau´n sich in den Bauch,
Um dann zu klammern auch.
Dann schlägt das Känguru
Mit seinem Schwanze zu.
Da heulte auf das Gnu:
Das war ein linker Coup!

Am Ende war man froh,
Denn keiner ging k.o.
Und war der Fight dann aus,
Lang währte der Applaus.

In dieser Boxarena
Inmitten Pasadena.
Baff war der Marabu.
Das Gnu, das Känguru
War´n jetzt auf du und du
Und herzten sich im Nu:
„Typisch Amerika,
So etwas gibt´s nur da!

Ansonsten wohn ich ja
Im wilden Afrika.
Dort gibt es zwar das Gnu,
Jedoch kein Känguru."

ZWEI KOALAS

Hagenbeck: Im großen Zoo,
Wo die Bären hausen,
Zwei Koalas, gar nicht froh
Beim einander Lausen:

„Große Bären schrecken mich,
Fressen Fleisch barbarisch,
Ihre Mäuler lecken sich
Roh und animalisch."

„Räuber sind sie hünenhaft
Dicke, starke, große."
„Grausige Kolosse,
Fürchterliche Nachbarschaft."

„Schreien tun sie schauerlich,
Geht durch Mark und Bein.
Selbst im Schlaf erwache ich,
Schlafe dann schlecht ein."

Klagen und Beschwerden bloß
Waren hier zu hören.
Später war dann nichts mehr los,
Schliefen dann die Bären.

Achtzehn, zwanzig Stunden fast,
Ohne einen Laut,
Festgeklammert an den Ast
Nebenher, vertraut.

DIE MORITAT VOM REGENWURM

Ein Regenwurm in Gartenerde,
Inmitten einer ganzen Herde,
Der träumte in den Tag hinein:
Wie ist mein Leben toll und fein.
In bester Erde liegt mein Haus,
Freß vorn hinein, scheid hinten aus
Und liege da in voller Pracht,
Genieße nur bei Tag und Nacht.

Bei Wind, bei Sturm, bei Wolkenwand,
Bei Blitz und Donner allerhand,
Bei Finsternis, Gewitterschauer
Ist keine Bleibe hier auf Dauer!

Doch plötzlich zog ein Wetter auf,
Durchbrach den friedvollen Verlauf.
Bestürzte Hektik macht sich breit,
Der große Regen war nicht weit.
Man wollte rasch ans Tageslicht,
Denn tief dort unten geht es nicht.
Da wird es bald nur Wasser geben,
Da wird es schwer, zu überleben.

Bei Wind, bei Sturm, bei Wolkenwand,
Bei Blitz und Donner allerhand,

Bei Finsternis, Gewitterschauer
Ist keine Bleibe hier auf Dauer!

Es setzt nervöses Flüchten ein,
Ein jeder will der erste sein.
Man drängt nach oben vehement,
Schon tiefschwarz ist das Firmament.
Der Regenwurm in seinem Traum,
Er war entrückt, bemerkte kaum,
Verharrte in Zufriedenheit,
Genoss die Abgeschiedenheit.

Bei Wind, bei Sturm, bei Wolkenwand,
Bei Blitz und Donner allerhand,
Bei Finsternis, Gewitterschauer
Ist keine Bleibe hier auf Dauer!

Doch plötzlich wird es immer nasser,
Wo er sich aufhielt, da war Wasser.
Als er dann hektisch hochgekrochen,
Die Sturzflut war hereingebrochen.
Das Weite hat er rasch gesucht,
Jäh und voll Panik war die Flucht,
Mit letzter Kraft sich hochgezogen,
Jedoch sein Schwanz, der war verbogen.

Bei Wind, bei Sturm, bei Wolkenwand,
Bei Blitz und Donner allerhand,
Bei Finsternis, Gewitterschauer
Ist keine Bleibe hier auf Dauer!

Der Regenwurm war erst mal froh,
Dass flott dem Erdreich er entfloh,
Mit Mühe nur und Muskelkraft
Letztendlich hat er es geschafft,
Entronnen ist mit letzter Not,
Besiegt war der Ertrinkungstod:
„Hauptsach mein Körper ist noch ganz,
Wen stört da schon ein krummer Schwanz."

Bei Wind, bei Sturm, bei Wolkenwand,
Bei Blitz und Donner allerhand,
Bei Finsternis, Gewitterschauer
Ist keine Bleibe hier auf Dauer!

EIN WURMVORSATZ

*„Wenn ich mich nicht durch den Schlitz plag,
Dann könnt mich treffen ein Blitzschlag!"*

DER STRAUSS

Nisse heißt das Ei der Laus.
Doch das Ei des Vogels Strauß
Ist zwar tausendmal so schwer,
Heißt ganz einfach Ei, nicht mehr.

Straußeneier, lang bebrütet,
Von der Sträußin wohlbehütet
Unter Tags. Und in der Nacht
Auch vom Vater Strauß bewacht.

Schlüpft ein Strauß aus diesem Ei,
Ist die Obhut nicht vorbei.
Junge Sträuße sind sogar
Recht umhegt noch für ein Jahr.

Wird das Sträußlein dann zum Strauß,
Zieht er von zu Hause aus.
Läuft, er kann ja sehr schnell rennen,
Hinterher den Straußenhennen.

Eine kürt er dann zur Frau.
Mit der Treue nicht genau,
Nimmt es so ein Straußenmann,
Vögelt, was er kriegen kann.

Alle Damen kommen dann
Bald mit ihren Eiern an.
Brüten tut die Straußgemahlin,
Dann als Eier-Prinzipalin.

Auch Herr Strauß weiß, eins, zwei, drei
Lotterleben ist vorbei,
Aus mit Liebelei und Kuss,
Nächtelang er brüten muss!

EIN ROTTWEILERHUND

Ein Rottweilerhund eine Küche betrat.
Er war voll des Durstes und hungrig fürwahr,
Die mächtige Zunge ihm raushängen tat
Und rötlich geädert sein Augapfelpaar.

War fürchterlich abstoßend anzusehen.
Er geiferte heftig und schnaufte dazu,
So blieb er mittendrin provokant stehen
Und forderte Speise und Trinken im Nu.

Die Köchin stand starr, wie vom Teufel gehetzt.
Am Herd da verkohlten die Schnitzel im Fett.
Der Kochlehrling, der grad ein Messer gewetzt,
Der machte sich auf und verkroch sich im Bett.

Der Rottweiler sah einen Suppentopf voll
Mit Rindsuppe und geschnittenem Fleisch.
„Das Angebot finde ich wirklich recht toll,
Mal seh´n, ob ich dieses auch wirklich erheisch."

So saß er und trank und dann fraß er sich satt.
Die Köchin sah zu und war paralysiert,
Den Rottweiler dieses gestöret nicht hat,
Als fertig er war, hat er sich absentiert.

PROBLEMBÄRENTREFFEN

Im Bayrischen Walde lebte ein Star,
Der vormals ein schlichter Bär nur war.
Dann hat er sich als Problembär gebärdet
Und Rinder, Schafe und Menschen gefährdet.

Star Bruno mit Family und mit zwei Neffen,
War ang'sagt zum jährlichen Bärentreffen,
Im Ötscherland, nahe Lunz am See.
Da fand sie statt, die Matinee.

Man wartete und war sehr gespannt
Auf Bruno, den Star aus dem Bayernland.
Man hört dann die Kunde und war verdrossen:
Star Bruno ist tot. Man hat ihn erschossen!

Kein Profi war es, ein simpler Jäger,
Der Bruno-Problembärenerleger.
In der Presse ein Rauschen, ein Trauern, ein Kläffen,
Als Werbung okay für ein Bärentreffen.

Star Bruno lag da in seinem Blut.
Manch einer meinte: So ist es gut.
Doch vorherrschend man geäußert hat:
Ein Spitzbubenstreich, eine Missetat!

Von Heimtücke sprach man von Schurkerei.
Nach ein paar Tagen war alles vorbei.
Schnelllebig wie sie ist die Zeit,
Der Star geriet in Vergessenheit.

Uns seiner erinnern! Auch noch nach Jahren
Gebührende Achtung ihm zu bewahren,
Das ist in unserer Bärenrunde
Nun oberstes Gebot der Stunde!

Sonst könnte ja der Fall eintreten,
Dass der, der ihn abknallte, ungebeten,
Nämlich der unverfrorene Jäger
Allein ihn besäße: Als Bettvorleger.

BÄRENTRAUMA

Im Traum mit einem Bären kosen
Gehört zu den prekären Posen!

AUS DER WELT
DER PILZE

DER BÜSS (STEINPILZ)- DER ERSTE

Ich habe einen süßen Boss,
Liebt mich und meine Büssensauce.

STEINPILZSTRESS

Ein Steinpilz stand im Fichtenwald,
Da kam ein Schneck daher:
„In ein zwei Tagen, also bald,
Da gibt es dich nicht mehr!"

Der Schwamm, der dies vernommen, war
Ganz fürchterlich gestresst:
„Es kann viel früher sein sogar,
Dann gibt er mir den Rest.

Er frisst mich auf mit Hut und Stiel.
Sechs Meter lediglich
Ist er entfernt von seinem Ziel:
Oh Graus, das Ziel bin ich!"

Der Steinpilz war am Tag darauf
Erwachsen ganz und gar,
Groß gewachsen und wohlauf,
Ein echter Steinpilzstar.

Die Schnecke war fünf Meter weit,
Obwohl sie Tempo machte,
Entfernt vom Pilz zu dieser Zeit.
Der Steinpilz sah´s und dachte:
Mit aller deiner Raserei,
Pro Tag bloß einen Meter,
Kommst viel zu langsam du herbei,
Da fürchte ich mich später.

Der Steinpilz war drei Tage noch
Ein Schönling sapperlot.
Am vierten er nach Moder roch,
Am fünften war er tot.

Die Schnecke war mit letzter Kraft
Beim Steinpilz angekommen:
Ich hab, obwohl ich es geschafft,
Den Mund zu voll genommen.

DER BÜSS- DER ZWEITE

Sie kocht ihm eine Büssensuppe,
Er träumt von einer süßen Puppe.

DER BÜSS- DER DRITTE

Er sagt: „Ich suche einen Büssen."
Sie sagt: „Ich buche einen Süßen!"

FLOCKENSTIELIGER HEXENPILZ

So manches wilde Waldgewächs
Entstammt dereinst von einer Hex.
Der Hexenröhrling, spricht die Mär,
Kommt aus dem Hexenreiche her.
Ein Schwamm, der wild die Farben wechselt,
Ist giftig und total verhexelt!

Mal ist er rot, doch bald sodann,
Da läuft er blau und grünlich an.
Es läuten des Alarmes Glocken,
Am Stiel, da hat er rote Flocken.
Auf seines Hutes Unterbauch
Hat er blutrote Röhren auch.

Der Pilz, der ist als Ganzes bunt,
Ist durch und durch ein bunter Hund.
Und doch ist dieser Flockenträger
Für Pilzpirscher und Schwammerljäger,
Die mykologisch sind belesen
Schon stets ein Speisepilz gewesen.

Mit braunem Hut, der etwas filzig,
Schmeckt er ganz ausgezeichnet pilzig.
Ihm kommt im großen Schwammerlreich
Am ehesten der Steinpilz gleich.
Ich kann von ihm genug nicht kriegen,
Die Hexe, die soll weiterfliegen!

REIZKERSTERBEN

Ein Reizker stand im Nadelwald,
Es herbstelte, es war saukalt.
Ein Nieselregen niederfiel,
Ihn fröstelt es an Hut und Stiel.

Der Reizker wuchs hier nicht allein,
Kollegenschaft stand im Verein,
Ganz nah um ihn auf eine Weise
So wie bei einem Hexenkreise.

Am Tage konnte man´s erdulden,
Man war geschützt in einer Mulden.
Doch nächtens war die Kälte bitter,
Es herrschte großes Pilzgezitter.

Am dritten Tag, oh Schreck, oh Weh,
Bei Minusgraden fiel bald Schnee.
Die rote Milch in ihren Poren
Den Reizkern ist rasch eingefroren.

Und auch das Pilzgeflecht, es war
So wie die Erde klamm und starr.
Und Nachschub war nicht zu erwarten
Aus dem Myzelium, dem harten.

Den Reizkern fehlte frischer Saft,
Schon bald verloren sie die Kraft,
Sie senkten ihre Köpfe nieder,
Ganz kraftlos waren ihre Glieder.

Die Stiele wurden lahm und weich,
Der Schwammerltod kam prompt sogleich.
Auffallend pilzlos war der Tann
Ein Weilchen später und sodann.

DIE KRAUSE GLUCKE

Wie ein Hendl sitzt sie stolz
Bei dem Stamm aus Kiefernholz.
Ach, wie ist die Glucke kraus,
Nehm sie trotzdem mit nach Haus.
Putz, ich bin ja selber schuld,
Stundenlang sie, mit Geduld.
Backe sie mit Bier, Mehl, Salz
Fein heraus in Butterschmalz.
Und nun kommt der Hochgenuss,
Nichts bleibt übrig dann zum Schluss!

PARASOLE

Zehn Sonnenschirme am Waldesrand,
Mein Lieber, das ist ja allerhand.
Das kann nicht purer Zufall sein,
Die laden zum Verweilen ein.
Was treiben Sonnenschirme da?
Es fehlt die Sonn, es regnet ja.
Ein Regenschirm, der wäre herrlich,
Doch Sonnenschirme sind entbehrlich.

Gewachsen als Verschwendung nur,
Als Fleißaufgabe der Natur?
Es stehen hier gleich zehn von ihnen,
Wo ist der Jemand, dem sie sie dienen?
Der Wald gibt manches Rätsel auf,
Recht kurios der Weltenlauf.
Was grad wo wächst und gut gedeiht
Ist keine Selbstverständlichkeit.

Die Parasolflut nah zu bringen
Vermag im Tierreich leicht gelingen.
Denn es wohnt in diesem Tann
Ein schöner Salamandermann.
Gerad auf Brautschau ist der Beau.
Bei Regenwetter ist er froh,
Um seine Haut nicht zu benetzen,
Sich unter Pilzhüte zu setzen.

Was selbstverständlich bei dem Tier
Für Menschen ist´s ein Wunder schier.
Jedoch nicht für den Schwammerlfreak:
Für den ist es ein Riesenglück!

Der Pilzfreund, der vorbeikommt heute,
Er freut sich ob der reichen Beute.
Im Schwammerlkorb verpackt sie sacht,
Daheim er sie als Schnitzel bacht.

SCHÜTTEL-
REIMEREIEN

BOVIST- DER KÜRZESTE

*Wo bist
Bovist?*

DAS HEXENEI

Lachsbarsch, Hecht und Echsenhai
Speisten einst ein Hexenei.
Die drei passten zueinander,
Dazu kam dann nu ein Zander.
Voll den Bauch sich schlagen mecht,
Doch ihm war vom Magen schlecht.
Insgesamt war´n diese Viere
Eigentlich ganz fiese Tiere.
Diese hatten nachher was: Durst!
Unser´m Hexenei war das: Wurst!

DIE ZIEGENLIPPE

Beim Fernsehen ich im Liegen zippe,
Das Schwammerl, das heißt Ziegenlippe.

DER KAISERLING

Der Elvis war kein leiser King,
Doch kannte er den Kaiserling?

DIE HEILE WELT

Immer wenn Karotten ansät er,
Sieht er einen Gottesanbeter,
Dem offenbar kaum is Schade
Eben um die Schaumzikade,
Dieser er ein Bein abreißt
Und dann mitten rein abbeißt,
Während diese schreit wie wild,
Lauthals, dass es weithin schrillt.
Tier, das hier zufrieden ist,
Wenn es nur hienieden frisst,
Denn bei dem Insektenraub
Waren seine Ohren taub.
Sonst es nur noch kreist und gafft,
Braucht nicht große Geisteskraft.

So steht es um die heile Welt,
Die nun schon eine Weile hält!

DER HAUSSCHWAMM

Der Hausschwamm sagt:
„Ich lass dich nicht im Stich
Und wann ich geh,
das merk dir, das bestimm ich!"

BÄRENHUNGER

Dass Meister Petz viel fressen kann,
Kann man mitunter lesen.
Dass er jedoch ein Kressenfan
Ist Trugschluss aller Thesen.

Ein Vielfraß ist er von Natur,
Doch dass er nur vegan,
Die Überzeugung hegt da nur,
Wer ihn als Freund gewann.

Solch Freunde sich schwer finden,
Gibt es auch viel Getier
Und diese bald verschwinden
Zermalmt von Beutegier.

BÄRENLIEBE

Zu lang kann oft die Bärenliebe dauern
Vor allem, wenn schon Honigdiebe lauern.
Die Bären vermissen den Honigseim,
Die Diebe zieh´n satt und sonnig heim.